AF366415

LLÉNAME, MENTE, DE P. O. E. S. Í. A

ExLibric

LLÉNAME, MENTE, DE P. O. E. S. Í. A

EXLIBRIC

ANTEQUERA 2022

LLÉNAME, MENTE, DE P. O. E. S. Í. A

POEMAS
PRIMERA PARTE

Los poemas no forman parte solo del autor que los compone, sino también del amante del verso, la palabra y el corazón que los relee y da vida una y otra vez en busca de uno mismo. Por ello, el espacio entre corchetes que verás a lo largo de esta lectura, está dedicado a ti, para ponerles el título que resuene en tu alma allá donde la mía no se atrevió nombrar.

[   ]

Cuan dulce es el sabor
del conocimiento
en oídos de un hombre,
a manos de los labios
de una mujer consciente
de su humanidad.

[   ]

Si de un sueño se tratara,
ahí estabas, creando
un pensamiento,
inspirando una idea,
un posible nosotros.

[   ]

Siendo tan grande
la mente,
¿por qué abrimos
primero el corazón?

[   ]

Nada más doloroso.
Nada más esperanzador.
Nada más simple.
Nada más necesario.
Nada más profundo
que una simple mirada.

[   ]

Todo el mundo escribe,
todo el mundo lee.
Todo el mundo piensa,
todo el mundo sigue,
compra, come, hace,
cree, practica.
Todo el mundo odia,
todo el mundo prueba.
Todo el mundo vive,
pero pocos son
los que aman.

[   ]

Siendo tan sincera,
¿cómo pudiste mentirme?
Siendo tan honesto,
¿cómo pudiste irte
con otra?
Siendo tan nosotros,
¿por qué no supimos
amarnos?
Quizá supimos ser,
pero no supimos estar.

[   ]

¿Qué es de una amistad
sin un secreto?
¿Qué es de un amor

sin una prohibición?
¿Qué es de un vicio
sin un adicto?
¿Qué sería de mí sin ti?

[   ]

Vista a la bandera
con la mano en el pecho
en ajenas guerras
gritando.
Creadores de la «paz»,
jueces de la bondad.
Todos dóciles
ante el suave tacto
del patriotismo.
Con vendas en los ojos
e ignorancia como virtud,
todos bailan al son
de los colores.

[   ]

Durante mucho intenté
con mis caricias derretir
tu corazón de hielo,
hasta que me di cuenta
de que era de piedra.

[   ]

Cuchillos afilados,

pomada relajante.
Incitadora de la duda,
creadora del conflicto,
guía de la paz.
Todo lo consigues,
todo lo comprendes.
Bendita seas,
bendita seas, palabra.

[   ]

Sueños, sueños, sueños.
Inspiración de toda
realidad.

[   ]

La noche se cierne
sobre el sombrío halo
que cubre las calles
de Barcelona.
En la penumbra
una mente
se ve perturbada
por sus propios diablos.
«¿Quién eres?»,
preguntó la locura.
Solo hubo silencio.
Y a continuación,
una lágrima empezó
a deslizarse por el rostro
de aquella mente

mientras su puño
se cerraba sobre el mango
de aquel cuchillo
imaginario
que le apuñalaba
una y otra vez.
El tiempo, siente cómo
se desliza entre tus dedos,
cuando empieza
la cascada de emociones
entre dos entes unidos
por el infinito capricho
del destino.

———————————————

Sueños y leyendas

Sueños y leyendas
en nuestras mentes crecen
y aunque algunas perecen
otras huyen del manto
del abandono.
Y siento cómo el frío
se apodera del espíritu
salvaje, tímido
a mostrarse ser,
mientras el tiempo
a contracorriente
pisa mis talones,
dejando así expuesto
a aquel muchacho

impaciente de curiosidad, que
trata de ocultarse
una y otra vez
tras una apariencia
compuesta o, más bien,
impuesta por egos
ansiosos de ser aquello
que no fueron
destinados a ser.
Cabalgando junto
a la muerte codo a codo,
hacen su trabajo
de una forma
extraordinariamente
natural.
Un muro inminente,
un conocimiento,
destello que, a su vez,
su precio es la destrucción
y acabará por colisionar
con la verdad
que trataban de evadir.

[   ]

Ilusos caminantes
de apariencia común.
Decís que amáis
con el corazón de betún.
Veo vuestro juego
y me río a carcajadas
mientras sufro el silencio

a la espera de otro drama,
todas contagiadas
por el néctar del mediocre
hasta que te topas
con aquella que te arrope.
Todos sois ilusos
y os creéis amantes,
y de nuevo os llamo
vacíos caminantes.
Vuestra ceguera
una y otra vez
en vuestro juego os gana
hasta llegados
a esa inevitable vejez.
El amor buscáis
sin sensatez en aptitudes
como la igualdad
de gustos y no
de las virtudes,
pues pensáis
que vuestro honor
tiene valor alguno
cuando ni siquiera sabéis lo que
significa ser
un ser humano.

[   ]

Si tan solo
pudiera tocarte.
Si tan solo
pudiese mirarte.

Si tan solo
pudiese escucharte.
Si tan solo
pudiera abrazarte.
Si tan solo
el silencio hablase.
Entenderías
de lo que habla mi mente.
Sabrías
lo que mi corazón siente.
Entenderías
cómo detener el presente
Si tan solo
pudiera soñarte.
Si tan solo
pudiese besarte.
Si tan solo
pudiese olvidarte.
Si tan solo
pudiese sentirte,
vislumbraríamos
los inicios de nuestra
íntima felicidad.

[   ]

Pienso, existo.
Existo y pienso.
Como de nuevo
me despierto
bajo el mando oscuro
del universo, y ¡ahí va!

Se desvaneció porque
está ya amaneciendo.
Efímero momento
que siento y siento
cómo puedo expresar
mis adentros,
pues todo me reprime,
pues todo me reprime.

———————————————

Hipocresía tóxica

En este mundo de
incertidumbre,
nada de lo biológico
carece de esa sabia
de antaño, pues ahora
todo tornado al revés
está gestando aquella
maravillosa belleza
hipócrita.
Belleza, inhóspita
y lúgubre ciencia, o quizá
arte de la apariencia
como un gris atardecer
a merced del sinsentido.

———————————————

Baile íntimo

Empecemos del revés,
de la cabeza a los pies,

sin prisa ni estrés.
Besémonos, toquémonos,
mirémonos y vivamos eso
que llaman sentimiento.
Como la lluvia o el viento
caliente y contento
se desliza suave
por nuestras montañas
y valles con ríos de placer y vida.
Esta vez desde
los pies, ahora con
delicadeza hasta el pelo
y lo ves, y los ves aquí,
dos almas bailando
la canción del amor.

———————————————

Idealismo

Si de mí se tratase
de permitirme ser eterno,
querría mudarme
a explorar el universo.
No como humano,
sino como el verso,
el amor, el arte
o el inverso mundo
de los sueños. Viajaría así
allá donde eso existiese,
para sentir y apoyar
a cualquiera que luche
contra la tentación

por lo más mundano,
pues no en vano muchos
se han sacrificado.
Si de mí se tratase
de permitirme ser eterno,
elegiría llevarte conmigo
y vivir el universo entero.

Lógica irracional

Siempre fui libre.
Siempre pude soñar.
Siempre pude reír
y a veces llorar sobre
derrotas y escasos
momentos en los que
me sentí amado,
agradecido y esperanzado
de volver a encontrar
un alma despojada
del peso opresor
como el juicio injusto
impuesto por miradas
ajenas.
Qué tiempos aquellos,
qué ideas las suyas,
qué únicos sus besos.
Perfectas las sonrisas.
Qué agradable el tiempo.
Mientras me miento,
mi alma es eterna,

otoñal el cabello,
delicado su cuello.
Qué bello era aquello.
Y de ello pasó cual
destello que con resuello
os venía diciendo.
Qué dulce su aroma,
qué real mi sueño

Secretos cósmicos

Haz que se lo gane, y no
solo porque sea mujer.
Haz que se lo gane, y no
te haga pagar por tu
pasado.
Haz que se lo gane
porque tu corazón dicta
y sabe que el sentimiento
es mutuo y amado.
Haz que te atraiga, a ver
cómo se esfuerza.
Haz que te haga sentir
orgulloso.
Haz que encuentre placer
en verte sonreír.
Haz que cada vez que
tenga miedo piense en ti.
Haz que te pida que la
abraces.
Haz que se lo gane para

devolvértelo con el
mismo favor.
Haced como que estáis
bailando.
Haced como que nadie
os está mirando.
Hacedlo, hacedlo,
hacedlo hasta que el lecho
quede doblado.
Hacedlo porque es mutuo
y, sobre todo, amado.
Hacedles paso pues a
nuestros nuevos invitados al baile
del amor.

Espejismos

Dime lo que ves.
¿Qué es lo que pretendes?
¿Ver alejarme o sentirme
de cerca?
¿Gritarme de cerca
o tocarme de lejos?
Presencia cálida,
ausencia fogosa,
desesperante y tenebrosa.
¿Quién podría negar
mi palabra envuelta
en deseo?
¿Quién podría servirse
de la felicidad que visto

cuando tu piel conforta
la mía?
Yacería con la muerte
con tal de reencontrar
tu mano sobre mi mejilla.
Vencería a cualquier dios
por saborear tu beso.
Conquistaría el universo
entero por sentir
tu aroma de incienso
que me atrae como
el polen a las abejas.
Flores, lluvia, hojas
y codornices, todo raíces
de esta estación
sentimental que crean
el ego suicida del espectro
que tanto te ama.

Luz en el viento

Todo es destino.
Todo está escrito.
Aunque muestren
vitalidad, se regodean
en su ascenso, la excusa
de un perdón imaginado.
Es un sufrimiento
continuo y contagiado.
Todo es destino,
todo es instinto, miedo

y algo de optimismo.
Herramienta perfecta
del esfuerzo de los
desamparados, perdidos
y olvidados.
Mártires del hoy,
víctimas del mañana.
Nada está perdido pues
nada sea ha conseguido.
Ideales y virtudes
malcriadas en eufemismos
demagógicos.
Autopistas al fin
y comienzo de la
destrucción del alma,
ahogándose en su
esperanza avivada
por pequeños soldados
hartos del perdón.
¿Sientes el calor?
¿O sientes el frío?
¿Qué es lo que más
has querido?
¿Vivir o morir vencido?
¿Placer o ser testigo de eso que
muchos anhelan
en su corazón bajo
el concepto de amor?
Sin dudar de la respuesta,
elige tu destino,
comparte lo aprendido,
pero concluye sin perder

tu luz en el viento.

«S. I. M.» Ti

Sentir sin ti, sentir por ti,
sin sentir sin ti.
Sentimiento sinsentido
sin sentarme a sentir,
sentimiento sin miedo
consentido. Sentado
siento sin sentido,
sin ti sentimiento vacío.
Reposa siniestro, sórdido
y sin tiempo, sonando
sensible y solo,
soez, vulgar, insensible.
Sinfonía sincera
subyugada, separada
y subrayada de sublime
sinestesia armónica entre
sentimientos sinuosos.
Sostenidos y simbólicos
son sin ti sentidos.
Imposibles, irrepetibles
e imborrables, incapaces
de incitar un inicio
para impresionar
mi impaciencia infectada
por impurezas
irracionales
incitantes al olvido.

Sinfonía de mentes
dementes, de mentales
memorias.
Metidas medio muertas
muestran muestras
de muchos momentos
muy mundanos
en mundos torpes,
tormentas tempranas
hasta tardías tardes
de truenos tenebrosos
y temblorosos.
Inesperadas, imprecisas,
ineficaces e inolvidables
intentos de invitaciones
intencionadas
a ese corazón sensible,
inteligente, mudo, terco
e incomparable
que no pude amar.

[   ]

Si te hartas de buscar
ese algo humano que esté presen-
te en los demás
y pierdes la esperanza
de siquiera existe aún,
recuerda que ese algo
está en ti.
A partir de ahí
solo hace falta encontrar

el dispuesto a aprenderlo.

¿Que la belleza cautiva
más que la palabra?
Es cierto, pero más cierto
aún es que la palabra
inspira más que la belleza,
ya que la belleza otorga
sentimientos mientras
que la palabra está
compuesta por ambos.

Siniestros irracionales

Latidos de corazón
retumban en mi pecho.
Demasiados
pensamientos,
me pesa el alma.
Ya no hay calma
en esta mente acribillada
por ideas irracionales
y cada vez más banales.
No hay paz ni posible
salvación a este martirio
colectivo. Ofuscado
y perdido migro a un
mundo imaginario en el
que las mariposas hablan
y los hombres callan.
Quiero escuchar belleza

y no consciencia.
Quiero sentir amor
y no presencia.
Necesito ver colores
y no sombras
Necesito beber calma
y respirar vacío.
Quiero todo menos
seguir en este mundo
tan frío en el que
ni el sol se salva.
Bríndame tranquilidad,
bríndame esa soledad
que no daña.
Otórgame salir
de mi propia pesadilla
en la que siento que soy
el último guardián en pie
de lo que antaño
existía como amor.

Silencio

Las palabras son palabras.
No tienen que doler,
pero al sujeto le pesa,
le estresa, malcría
y perversa. ¿Por qué
es tan dulce, por qué
es tan apetecible,
tentativo y sensible?

Ese sentimiento
que me hace amarte
con esa locura que solo
en mí puede existir,
pues único a su manera
es, domina cada fibra
de mi cuerpo, que se
derrite por algo más
tangible a la imaginación,
persiguiendo mi alma.
Con calma, con la mano
de mi palma puedo ver
cada curva como una
cascada de seda,
dibuja una felicidad
que mi conciencia
ni puede explicar.
El amar, sí, de eso
se trata, esta existencia
innata. Paciencia, nuestra esencia
no se diluye
con algo como el dinero,
sino el velo que nos tapa
y envenena nuestra mente
eterna.
Puesta en escena:
Son las doce y media,
y mi físico se desvanece.
El viento me lleva
más allá donde alcanza
mi mente perdida,
pero presente

solo sostiene ese cuerpo
que por ti se muere.

[   ]

Te cansaste, te aburriste.
Diste la vuelta
y te perdiste en mi odio
pasajero hacia el olvido
eterno que me obligas
a presenciar. Consciente
de cada segundo que pasa
sin intercambiar tacto
o mirada. Perdida, amargada, sola
y acabada
de tantos golpes sin salida
presionando tu pecho
hasta comprimirlo
en viento. Y me siento
a pensar miles de excusas,
situaciones o momentos
en los que esto no pasaba.
Te fuiste, recogiste
y marchaste. Todo te lo
llevaste, mi trocito secreto
te lo quedaste.
Mi intención, mi tiempo, todo
aquel sentimiento
invertido en cada ápice
de mis acciones
que en ocasiones distaban
mucho de mi agrado,

pero por halago al respeto
por lo amado diré que no
me importó quebrar
mi ego por lo soñado.
Aquel momento en el que tu
sonrisa pintaba
el cuadro que compone
el rostro que me hace
arder en mi propio fuego,
insostenible en la soledad.
Un fuego que antes
fue llama tranquila
y armonizada hasta que
fue avivada,
pero tristemente
abandonada, destinada
a autoconsumirse
en su propia fuerza.
Ya es agosto
de otro año más
y sigo sin poder evitar
mirar atrás y preguntarme
si realmente aprecias
lo que te llevaste.
Parte de mí permanecerá
en tu memoria.
No sé bajo qué forma,
si como tormenta
o una antigua gloria.
Pero todo ya es historia
y esta la escriben
los vencedores, así pues

te otorgo los honores
de contar lo que en mí
murió agostos atrás.

———————————————

Fugaz estrella

Estrella,
fugaz firmamento
del vacío al viento.
Lento, aromático
y sediento por desplazarse
entre la seda que recubre
al espíritu orgánico
que irradia tal espectro.
Y, en efecto, deja al todo
perplejo.
Añejo es el recuerdo de
percepciones olvidadas.
Aflora cual sonrisas,
eclipsa estrellas
que apuntan
hacia el lugar
donde habitan las hadas.
Las ideas e historias raras.
Experiencias vividas
y otras tantas soñadas.
Entre mejillas sonrojadas
y amor de mujer se halla
la bella pintada
con pinceles de virtud
y lienzos de sabia,

de sabia experiencia
que, cual río,
fluye en su mirada.
Agrada pensar en verla
mimada por manos
rendidas al deseo
cómplice de dicha dama.
Y en nada vuelvo
a sumergirme en su piel
reflejada en mi pupila
dilatada.
Gotas en la mirada
de alegría innata
por ser testigo de la grata
habilidad de poder
compartir el alma.

———————————————

Lo oculto

Estoy tan quebrado
por dentro que soy capaz
de enamorarme del afecto
en una mirada ajena.
Por ello me suicido
en tus ojos,
porque de la ilusión
aprendí a vivir.
Es lo único que tengo,
es lo único que me queda.
¿Por qué lloro
si ni te conozco?

¿Por qué me duele
no poder tocarte
si ni siquiera hemos
compartido el beso
cada noche
entusiasmadamente
tan soñado?
Perdido en mi mente,
mi ente ya no siente
más que soledad distante.
Necesito sentir tu mano
caer sobre mi mejilla.
Necesito respirar
tu aliento en mi cuello.
Necesito sacar la locura
que me provoca tu ser
y desboca mi alma
quebrada por el tiempo.
Necesito sentir
las cosquillas de tu cabello
por mi pecho
mientras reposa
y descansa cual martagón
sobre su tallo.
Quiero perderme
en tus lágrimas
para encontrarme
en tu sonrisa
y ser ese motivo
que nunca
te haga abandonar,
como yo,

la ilusión por tenerte
entre mis brazos.

Ser neptuniano

Siempre había escrito
sobre el frío, pero nunca
lo había sentido así. Creía
al menos comprenderlo,
pero me di cuenta
de que esta percepción
no tiene límite,
no tiene fondo.
No se puede comparar
o engañar,
pues es un sentimiento
que escapa al control
consciente que ruboriza
nuestra mente
acomplejada con el miedo
de la incertidumbre
que petrifica cada átomo
de mi cuerpo.
¿Estaré loco? Quizás
me esté convirtiendo
poco a poco.
Ya no soporto el dolor,
no soporto la soledad,
no soporto mi ser,
no soporto mi cuerpo,
mis ideas

o mis percepciones,
intuiciones y dolores
que me abruman
por eternidades a cada
latido de mi corazón
envejecido.
Dormirme y despertar
en mi sueño es un deseo
constante, donde todo
cobra más sentido
que el profundo frío
que envuelve mi realidad.
Nada brota,
ni siquiera la esperanza
consigue abrirse paso
por los bloques de hielo
formado por lágrimas
acumuladas.
Cual Neptuno,
giro alrededor de estrellas
que nunca consiguen
darme el calor
para gestar vida.
Siempre lejos,
siempre solo,
siempre diminuto.
Constante en mi órbita
predestinada
en mi nacimiento,
no consigo deshacerme
de la rutina que predica
mi muerte, la cual dilato

en pensamientos rebeldes,
en hacer algo al respecto,
pero cada vuelta
me recuerda que no hay
más estrella
que me caliente,
salvo la que jamás
podré alcanzar.

[   ]

Trozos desperdigados.
Memorias
impregnadas de flores
por todas aquellas veces
que entregué de mí,
por todas aquellas veces
que por otro pude sentir.
Como pájaro
que sobrevuela la ruta
a casa se haya
en un corazón ajeno,
consciente
y de dolor sincronizado,
generador de la armonía
fluyente por nuestro
interior.
La pérdida de una
es sufrida, pero no hay
nada a lo que mi ente,
en esta metafísica
presente,

no pueda adaptarse
y transformar tu belleza
en mariposas,
y así las flores
puedan surgir también
en tu memoria.
Pues de eso se trata
nuestra existencia,
de darle sentido y honor
a todos esos trozos rotos
que hay en cada uno
de nosotros.

———————————————

Serendipia

El abrazo de una mujer
sienta como ese último
trago de aire que nunca
se sacia al respirar.
Mi serendipia,
mi voz en el canto.
Eres como ese llanto
que llega inesperado,
pero valioso,
mostrándome
que no estoy muerto,
que sigo vivo
en este paradigma
de acciones exasperantes
por seguir adelante.
De un abrazo me lanzaste

al abismo, hogar de mi
«limbótica» mente.
Conozco mi camino,
pero no su forma.
Sé de mi destino,
pero no su final.
Atrapado en una espiral
de incertidumbre
e ilusión,
imagino satisfechos
todos mis placeres
y pienso: «Qué aburrido
sería conocerlo todo».
La muerte nos completa,
Reiniciando
nuestra curiosidad
y nuestra memoria,
brindándonos
la oportunidad de vivir
aquello que
anteriormente
no pudimos conseguir
o de repetirlo
con el mismo o, incluso,
mejor sabor de boca.
Y aquí estoy en busca
de ese latido que despierte
mi ansia eterna
de otorgarte el derecho
de mi alma.

Inquietud

La mente me tortura,
no me deja ver
con claridad.
La misma que persigue
la solución se pone
el obstáculo.
Se mezcla, se homogeniza
con la confusión,
creando una realidad
adversa, que difiere
tanto del presente
que desestabiliza
toda emoción transmitida
por las raíces
de mi cuerpo.
Tal es la incertidumbre
que llorar no le es posible.
Tal es el placer
destructivo
que se retroalimenta
para engendrar
el ego que consigo
lleva el orgullo.
¿Qué es de ti, mente?
Tantas noches perdidas
persiguiendo coherencia
racional de lo vivido
y lo que te circunda.
Tantas horas prestadas

al servicio de la duda
en la que te ahogas
desesperadamente,
agarrándote al flote
de una esperanza basada
en la fe ciega
por encontrar un reflejo
de tu esfuerzo
fuera del espíritu
que te guía.
«Imposible hazaña»,
se dice esta a sí misma,
sopesando la voz
de la experiencia.
Otras responden
ideales opuestos,
luchando, destripándose,
desprestigiándose,
resistiéndose,
mientras aprecias
cómo se desmorona
uno mismo.
Sabes que portas luz,
pero la oscuridad
es abrumadora.
No me afecta el miedo,
aunque sí el tiempo.
Y este es suficiente
para romper todo
cimiento calado al hueso
que haya podido
construir dentro

de esta ilusión
que solo me hace desear
desvanecerme
en la felicidad
de lo salvaje.

———————————————

Doce palabras

En el infierno
de cuatro lunas,
doce palabras rondaban
mi muerte.
Reacios y desdichados
eran los poemas
que engendraba mi alma
sobre su dolencia.
Existencial y de sutil
paradoja, arroja el verbo
que crujirá la nuez
que tanto empeño
por vivir acautelaba.
Aquella dama,
aquel drama,
ese circuito de curvas
me agotaba, me agitaba.
Todo a la luz del sol
volaba y se olvidaba
mientras esperábamos
la siguiente luna.
Doce palabras
rondaban mi muerte

durante mi infierno
de cuatro lunas,
cual lagunas dejaban
tras de sí un camino
de experiencia
amordazada,
ligada al llanto.
Del ocaso al rocío
abrazaba esas lagunas
erosionadas
con el tiempo.
«¿Seré yo quien
tu corazón abrace,
si el mío
no he encontrado?».
Doce palabras
rondaban mi muerte
durante el infierno
de cuatro lunas
hasta ese día, en el cual
el sol ya no volvió a salir.

Alma libre

Es un alma libre,
es viento,
seda en el aire flotando
entre los filamentos
del destino.
Es tan hermoso observar
cómo se deja atrapar
por el horizonte
de sus deseos,
que es casi hipnótico.
Todo movimiento,
cada gesto, cada mueca
que se desdibuja
entre las sombras
de su rostro, mientras
la luz cae por cada
centímetro
de su cuello
o los adornos que abrigan
sus finos dedos.
Entre las horas
que componían
aquel instante eterno
para mi memoria,
la realidad dictaba
el ritmo en mi pecho,
la química en mi cerebro y el
leve sudor
de mis manos.

Toda percepción
era llevada al límite,
distorsionándome
por completo.
Una imagen
que puede olerse,
un recuerdo
que puede saborearse.
Briznas de jazmín
y lavanda abrazaban
mis sentidos *reposantes*
cerca de la trampa mortal que era
su cabello,
mientras me preguntaba
si todo era real
o era un sueño.

Azul

Tenía el mar en sus ojos,
un reflejo perfecto
entre los pigmentos
que componían
ese horizonte profundo,
camino al alma,
en el que uno podía
perderse fácilmente.
Su curiosidad,
su tierna valentía
y sonrisa de amapola
bailan entre los rayos

del sol mientras
estos luchan
por alcanzar su rostro,
tan fino, tan delicado,
forzando a la propia luz
en retirada.
Ese mar poseía una isla,
una isla oculta, lejos
de la verdad que ven
los ojos, lejos del alcance
de las mentiras, una zona
segura, tranquila,
en la que espera
envuelta en esperanza.
Una inocente emoción
de poder compartirlo
con alguien que alcance
ver más allá de las nubes,
más allá de ríos
y tormentas, distraída
entre pensamientos
salvajes cual depredadores
en las profundidades
de dicho océano,
a la caza de ese miedo
que desprende
esa falsedad expuesta
al temor
de ser descubierta,
para protegerse
de ilusionistas
carentes de magia.

Cuán cruel es tener
el don de ver ese dolor,
de sentir tu grito,
de visualizar esa isla
escondida
y no poder hacer nada
hasta que tu abrazo
me dé la señal
para empezar a remar
hasta aquello
que con el tiempo
será nuestro lugar.

Fuego

Era un momento
espontáneo.
Un momento del pasado,
atesorado, aparece fugaz,
como un destello
en el firmamento.
Se abre paso entre
mi ajetreado presente
de pensamientos cargados
de rutina.
Momento en el que
estábamos fundidos
en poesía y embriagados
en la miel, sabor
incomparable el conseguir olvi-
darse del tiempo.

Los besos nos dominaban
y nuestros cuerpos
se curvaban.
Entre gemidos
los dos volaban,
se miraban y miraban
mientras sus pieles
desprendían el perfume
del deseo, supurando por
cada poro palpitante
en armonía.
Su cuello al descubierto,
el pecho sonrojado
y el labio mordido
mientras me deleito
en la cálida bienvenida
expuesta a merced
de mi cadera.
Las uñas se clavan
y los dientes se marcaban,
el placer se escuchaba
mientras la oscuridad
se volvía cada vez
más clara donde nuestras
siluetas resaltaban
desnudas ante la mirada
acogedora de la luna.
El ritmo aumentaba
y el éxtasis ya rogaba,
el juicio se nublaba,
los dos ya no aguantaban.
Era el instante,

lo necesitaban.
Al son de un grito,
en el clímax
se revolcaban.
Entre leves susurros
de palabras tiernas
y risas cómplices
empezaba a faltar aliento.
Menudo viaje,
menudas memorias.
Aventuras idóneas
con tal de llegar
al instante tatuado
en mi corazón sangrante,
en el que cerramos
la noche
con aquel «te quiero».

Deseo

Entre tormentos oscuros
la inspiración siempre
asoma tras un rostro
a juego con la belleza
y la pasión.
Perdido entre el aroma
fresco que desprendía
la seda dorada que cubría
sutilmente aquel perfil
irrepetible, suspiro entre
tragos de irrealidad.

Su voz resuena
en mi mente
como un eco en busca
de su dueño
mientras intento
no contar el tiempo
y así atrapar ese eterno
sueño que corre
ante mis ojos.
Procuro no despertarla,
no moverme,
pero mi mano es presa
de sus propios deseos.
¡Dime tú, corazón!,
qué loco masoquista
repite su eternidad
en momentos
tan efímeros
como cada mañana
cuando despierto
entre gritos
con la mano extendida
intentando alcanzar
aquello que mi propio
cuerpo anhela,
ajeno a mi razón.

____

Deseo (versión 2)

Los segundos pasan,
pero el tiempo se detiene.

Las voces cantan,
pero mis oídos
se abstienen.
Los sentidos laten
mientras la razón
se fragmenta entre
horizontes desconocidos
a su memoria,
la cual empieza a sentir
la euforia
de una embriagadora
y escalofriante historia
grabada en la mirada
de aquel joven perdido
en la eternidad
que le abrazaba.
El sol acaricia enamorado
el rostro culpable
del limbo que nubla
mi mente.
Caricias que recorrían
las leves muecas
que definen las fronteras
de sus labios
hasta las finas cejas
que remarcaban
la simetría que resaltaba
aquellos ojos desafiantes
al destino.
Fundidos
nuestros cuerpos,
el viento se escurría

entre su cabello mieloso
y mis dedos cual el sol,
enamorados al son
de un aroma a lilas
que se abre paso
dulcemente por mi mente
hasta dar color
a las lucecitas
que componían la imagen
que mis manos
dibujaban.
Las flores la observaban.
Algunas se giraban,
otras se alzaban.
Todas atentas,
su delicadeza imitaban.
Otras la envidiaban
y otras la odiaban,
pero ante su belleza
todas se inclinaban.
Los segundos pasan,
pero el tiempo sigue
en pausa. El suspiro
es profundo, un corazón
moribundo. Es el último
cartucho, mi corazón
es suyo, y por tenerlo ahí
yo lucho.

Flureta

Mirada al frente,
perdido entre el sonido
de mis latidos;
vagabundo a la deriva.
Viejas heridas tocaban
las puertas del recuerdo.
Tiempo ya atrás
quedase mi alma en pausa
y la causa penetró
mi velo del olvido.
Cobijada y relegada
en lo hondo,
una pequeña llama
resistía tenaz y asustada
de quemar de nuevo
su mundo,
rezagada a resguardo
en su hogar
por muchas lunas.
Sin bajar guardia,
evadía invitaciones
o rituales de amores.
No permitía ilusiones
o formar parte
de los montones
de corazones vacíos
que se hacían llamar
almas.
Ahí seguía él,

mirada al frente
y el cuerpo suspendido
sobre las piernas
habituadas a la rutina.
Partía después
de una noche en vela
mientras el sol brillaba
como otra tarde
cualquiera.
Consciente
de lo que me espera,
subo rumbo a otro lugar
que me impidiera pensar
en cuán profundo
era mi castillo.
Me siento con el cuerpo
en la ventana,
reclino la cabeza
y, para mi sorpresa,
la curiosidad se abre paso
cual relámpagos
entre los monstruos
y dragones guardianes
de mi fortaleza,
rompiendo una ventana,
exponiendo a la llamita
intimidada.
Sin más que hacer,
por el hueco asomara
curiosa preguntándose
por qué su pausa
quedó asolada.

¿Fueron los ojos
o fue la sonrisa?
¿Fue la voz
o la delicadeza
que desprendía
su presencia?
Quizá es el cúmulo
de toda su esencia
que a voces me grita
con sutil inocencia:
«¡Arde llamita, arde!».

Pasado

He contado todas
las lunas hasta perderme
en el tiempo. Por dentro,
un terrible tormento
que no consigo sofocar.
Sigo buscando
las palabras que necesito
para secar los ríos
que laten en mi interior.
No hay argumento
ni lógica que aparte
ese momento
de mi camino,
ese que me dejó
ennegrecido
en una eterna y dolorosa
esperanza de superhéroe

que todos sabemos cómo acaba
en lo palpable
a esta realidad.
Nuestras miradas
en armonía, y nada más
que silencio a nuestros
oídos, que se abstienen
de su entorno.
Mis dedos recorren
su pelo, mientras noto
entre mis yemas
cómo las vibraciones
de su cabello bailan
al ritmo de la euforia,
erizando cada molécula
de mi cuerpo.
Fue imposible
despedirme,
ni siquiera pude robarle
un último beso
y allí, en ese instante,
quedé preso, esclavo
de mis propias palabras.
¿Por qué juraría
amarla siempre?
¿Por qué la alquimia
resonó en mí
con el eco de su belleza?
¿Por qué tuvo
que ser ella?
Y así, entre preguntas
estúpidas, busco

distraerme para no seguir
recordando cómo
me miraban aquellos ojos
y no sentir el aroma
que desprendía su deseo.
Pese a todo aquello,
decidió marchar.
He contado todas
las lunas hasta perderme
en el tiempo, contándole en cada
creciente
lo mucho que te admiro,
llorándole en cada
menguante la falta
del calor de tus palabras.
En su plenitud
solo recuerdo,
recuerdo y sopeso
mis motivaciones de vivir,
mientras me pregunto
si estás riendo
o si estás feliz
como juré hacerte.
Muchas rosas
se han marchitado
desde entonces.
Todas preciosas
a su manera
y entre ellas alguna que
otra consiguió a instantes
hacerme olvidar
tus colores,

pero aquí estamos
de nuevo, como el ciclo
de la luna, sin descanso,
sin demora, sin vacile,
sin excusa.
Por mucho deseé
no haberte conocido,
pero fuiste mi lección
de vida, fuiste y serás tú
la más querida. Por ahora la única
vez que sé
que amé de verdad.

———————————

Corazón abrazado a un árbol

El árbol de su alma
extiende profundamente
sus raíces. En lo alto,
sus ramas se bifurcan
en cientos de ideas.
Algunas dan frutos,
otras se marchitan.
En lo hondo late
un corazón palpitante,
ansioso por vibrar
al son del universo,
sincronizarse
con su música,
bailar su ritmo.
Yo solo tuve suerte
de cruzarme

en su camino.
Miro hacia arriba
y observo esas ramas,
fascinado, abrumado
por su grandeza,
absorbido por su encanto.
Siento ganas
de tumbarme un rato
bajo su sombra y pensar
mientras descanso
del entorno abrasador
que me sofoca.
Sí, creo que me quedaré
un rato bajo sus ramas,
escuchando sus latidos.
Me recostaré aquí,
en su tronco, y quizá
me atreva a alcanzar
uno de sus dulces frutos.
Pasa el rato mientras
me deleito del tacto
de su delicada corteza.
¡Y mira!, hay pájaros
a su alrededor.
Cuando quise darme
cuenta, el sonido
del viento entre sus hojas
indujo mi extenuado
cuerpo en un sueño
tan profundo
que, al despertar,
me di cuenta de que

me había convertido
en parte del bosque
a su lado.

———————————————

Ellos, los atrapasueños

Mi existencia es como
un atrapasueños.
Me acuesto
en la eternidad
y me despierto
buscándote
en el poco tiempo
que se me ha otorgado.
Una y otra vez
persigo ese sueño,
intentando atraparlo.
Extiendo la mano
y antes de alcanzarlo,
vuelvo a despertarme
reiniciado
en otro comienzo.
Intento acordarme,
pero no lo consigo.
Veo *déjà vus,*
percibo similitudes,
sincronicidades
y otras señales
mientras siento tu mirada
buscándome,
preguntándose por qué

aún no nos encontramos.
Y de nuevo vuelvo
a despertarme.
Sé que pronto
soñaré contigo
como aquel entonces
en el que nuestros abrazos
se fundieron en esa línea
temporal que hoy por hoy
sigo probando a volverme
a reencontrar.

———————————————

Canción a una difunta esposa

Aun condenado a muerte,
le sonrió a la vida.
Aun condenado a la vida,
le sonrío a la muerte.
Mi mente y mis manos
cargan con el peso
de mi universo,
entre la incesante batalla
disputada entre oscuridad
y luz. Tus ojos eran
la breve pausa
que me brindaba
un respiro.
Guitarra en mano
y las estrellas
como público, mis labios
repiten la canción

que mi corazón
había ensayado
cada vez que tus manos
rozaban mi rostro,
cada vez que tu voz
avivaba la pausa
que me hacía sonreír.
«Mujer de ojos mielosos
con voz de amapolas,
cada vez que tú me hablas
mis sentidos drogas.
Eres adictiva
pero no perjudicial.
Siempre fuiste tuya
y, por ello, sin igual.
Verte libre, verte fuerte
era mi marchar,
y en nuestro camino,
mi objetivo por luchar.
Alma por alma
supimos intercambiar,
no había secreto
que quisiéramos guardar.
Lo nuestro era nuestro,
pero lo compartíamos
igual, ya que mi mundo
sin el tuyo ya no era
la mar.
De horizontes nuevos,
de constantes por cambiar no había
costumbre,
solo corazones por amar».

Cantaba y cantaba
mientras las estrellas
seguían aplaudiendo con
su incesante parpadeo.
Hasta los pájaros
me acompañaron,
era ya un día nuevo.
El reloj sigue al son
de tu recuerdo mientras le sonrió
a la vida, mientras le sonrió a la
muerte. Para cuando acabe mi
canción,
me habré dormido
y entonces volveré a verte.

Primer encuentro

El ambiente se difumina
y la mirada se clava
trémula de miedo,
absorta en su deseo.
El silencio se expande
en mi mente
como el universo
que fluye por mis venas,
bombeado por la magia,
autora de las mariposas
y auroras dibujando
su presencia.
Tengo tiempo
para enamorarme,

y también sufrir.
Este instante es eterno,
imposible de repetir.
Ella habla, su voz
sonidos emite.
Sonríe y sus labios repiten
ciertos movimientos
por mi deseo
memorizados. E imagina
este caprichoso
excéntrico envuelto
en el misterio
de textura y sabor,
el delicado baile en dúo
si mis palabras
se sincronizaran
con las suyas
sumándose en opuesto,
para engendrar el silencio
producto de la pasión.
Tengo tiempo
para enamorarme
y también sufrir.
Abrazo este momento
eterno en el que
por siempre
te querré sentir.

Atrapado

El presente me abduce.
Mientras sus ojos
misteriosos me seducen
con su dulce presencia,
en la cual puedo saborear
esa esencia que enamora
mis sentidos.
Pasan los segundos
mientras experimento
una vida entera.
Siento el temor
y la vulnerabilidad
que me espera.
Sentimiento indefinido,
pero a la par temido,
subconsciente y vertido
como residuo
de aquel miedo
que me dejó roto
cual mendigo,
a la espera
de que mi cuerpo
acepte su llegada
porque durante mucho
tiempo mi arrogancia
fue forzada.
Ya no soy el mismo.
Gracias a tu llamada,

ahora soy mejor
por el pretérito
de tu mirada.
Déjame abrazarte
y mostrarte
nuestra balada.
Bailemos, bailemos,
bailemos y despertemos
en nuestro próximo
mañana.
No sabes hasta qué punto
me da coraje la piel
de tu traje, el cuero
de tus guantes y el olor
de tu cabello salvaje.
Tintada con tatuajes
de tus muchos viajes
que tu percepción
ha visitado.
Siempre sueño
con tumbarme
en tus prados
o con despertarme
con tu beso.
De esta sé
que no saldré ileso.
Todo es lucha
y me permitiré ir
con todo.
En este momento
hay que ser un lobo,

solitario, escéptico,
buscando mil excusas,
pero la intuición
a ti me empuja,
como si el destino
te hiciera pasar
por una bruja,
hechizando mis deseos.
Sabe que la magia
me gusta
y con su misterio
me retiene.
Y me pregunto
a cada rato:
«¿Quién demonios eres?».
Olfateo un sentido
o explicación consciente
mientras la razón
me miente; solo me mira
y astuta ella asiente.
«No quiero opinar»,
me dice mientras
se abstiene,
dejándome a la deriva
en mi propia mente,
vagando nómada
superviviente
a la mar tuya,
preso cual delincuente,
culpable de buscarte,
condenado

de encontrarte.
Disfrutaré
de esta condena eterna,
la que es amarte.

———————————————

Toque de atención

Soy un ser capaz
de encender su llama,
así que no molestes
demasiado.
Porque eso
me da la ventaja
de apagar mi luz
para cernir sobre ti
toda mi oscuridad
acumulada, hambrienta
por alimentarse de necios
que ruegan a sus puertas.

———————————————

Inspirado en Charles Bukowski

Maldita belleza,
yo tan vulnerable a ella.
Me seduce como el sabor
del polen a las abejas,
pero mi azúcar
es la bebida,
irresistible, necesaria.
Tragos para un paladar

caprichoso, en vida
forzado a ser selecto
con lo que se lleva
a la boca,
pues en un mundo turbio
persiste y resiste
entre tanto espinal
disfrazado de rosa.
No sé cuántos vientos
y tormentas más
soportarán mis alas,
solo espero
que la siguiente flor
no me envenene.

———————————————

Paciencia

En ti, por ti, contigo
y sobre ti quiero escribir
todos mis poemas,
guardar todas mis frases,
reunirlas en una mirada,
expresarlas en un solo
verbo, guardarte
tus adjetivos y velar
por tu pronombre
mientras acaricio
el sustantivo propio
que te compone.
Mujer, muéstrame
el sendero, acompáñame

al viaje por el tiempo,
guíame al refugio
donde guardas tu llamita.
No quiero robarla,
ni tampoco hacerla mía.
No quiero calentarme,
y menos apagarla.
Única intención
de fundirme
con tus muros y avivarla
cuando falte fuerza,
cuando falte aire.
Mujer, mátame ahora
o murámonos después.
Cerraré los ojos y contaré desde
la eternidad
hacia al revés.
Tenemos todas las vidas
para vernos
una y otra vez,
así que dime cuando
me ames como yo,
y siempre, de la cabeza
a los pies.

———————————

Voces del ego

Tú y yo, juntos,
dista del deseo de ser
un adjetivo, sino el verbo
guía por caminos

inexplorados,
entre paisajes no vividos,
entre besos compartidos.
Sentir el mundo,
abrazar tu ego.
No hay viento
que nos frene,
pues si es en contra,
lo disfrutaremos;
si es a favor,
lo aprovecharemos.
Contigo no deseo
adjetivos, solo verbos,
pintores de nuestras vidas
y de lienzo
nuestros cuerpos.
Si supieras mis sentidos
cómo gritan tu nombre.
Si supieras mi cuerpo
cómo extiende su vibra
en alcanzar la tuya.
Si tan solo supieras
cómo sueña mi mente
con notar tu presencia.
Si lo supieras,
sé que saldrías huyendo.

Peleas vitales

Duele, duele, duele.
Respirar duele
desde que nacemos.
Por eso, nos pasamos
la vida suspirando,
ya cansados.
Cansados de ese verbo,
distraídos en la aventura.
A la que nos paramos
a pensar,
duele y suspiramos.
En cuanto corremos,
duele y suspiramos.
Cuando amamos,
duele y suspiramos.
La felicidad
en nuestras manos,
pero seguimos
suspirando.
No somos nosotros,
es nuestra mente.
Mientras el consciente
festeja, el inconsciente
llora.
Toda la información
ante sus ojos
sin poder apartar la vista.
Nosotros nos distraemos
para no seguir suspirando

mientras él sufre
la tortura.
De vez en cuando
nos lo recuerda
y suspiramos.
Ignorantes, encima
le culpamos.
Quiere salir de ese bucle,
de esa incesante pesadilla, es su
turno de vivir,
quiere ser consciencia.
Es nuestro turno de morir
y convertirnos en su ego.

[   ]

Dame tu palabra,
bríndame acción.
Otórgame tu tiempo,
entrégate a mi corazón.
Adjudícame la caricia,
dómame tu razón.
Ofréceme la paz
y te conferiré mi alma,
antónima al montón
que tanto anhelas.

Lotus

Quiero entenderme,
quiero entenderte.
Quiero abrazarte,
quiero sentir tu arte.

Quiero expresarme
y con suerte enamorarte,
para poder así
no volver a llorarte.

Quiero muchas cosas,
pero nunca caprichosas,
solo verdaderas
de esas tan dolorosas.

No estar solo,
compartir mi magia,
no dejarte sola
cuando el mal presagia.

Quiero despertarme
y verte junto a mí,
en la cama dormida
y poderte al fin sentir.

Quiero acariciarte
y oler tu cabello.
Quiero en tus ojos
ser ese destello.

Quiero marginar
al ego estruendoso,
y mostrarle que tú
eres su flor de loto.

De loto en luto
deleite absoluto,
tu tallo tan bonito
a la par sedoso.

Instante permanente
en mi memoria errante,
donde todo es olvidadizo,
pero mi amor constante.

Semilla

Cada vez que te miro
mis ojos lloran de alegría.
Siento fuerzas y armonía
entre las sombras
dominantes en realidades
de luz, títeres tenaces.
Los colores se sienten
cuando tu presencia
inunda con su olor
el aire circundante
donde el viento
con recelo se lo lleva
en su baile, en su viaje
por el mundo.

Para recordarte,
para tenerte,
porque ¿sabes?
Tu aroma es semilla
de amor, semilla de vida.
Quiere hacerte llegar
a todas partes, sembrarte en co-
razón fértil
y del tiempo abonado.
Arado y sacudido,
resistente a las tormentas,
impasible al olvido.
Y viajó y viajó el viento,
incansable.
Viajó y viajó sin descanso.
Viajó, viajó y viajó
sin mirar atrás.
Siguió viajando
hasta encontrar mi llanto
y vio cómo regaba
mi tierra arada,
entendió mi dolor,
me escuchó maldecir
al olvido.
Y viajó hasta dejarte
en mi corazón nutrido
para florecer.
La tierra está regada;
la semilla, plantada;
las raíces, bien ancladas.
Solo falta el sol
de tu sonrisa
para dar vida
a la flor que mereces.

El ciclo

No quiero
dedicarte un planeta,
ni una estrella.
Ni siquiera el universo.
No quiero que seas
nada de todo eso,
porque todo perece.
Solo anhelo que seas tú,
a mi lado, a lo largo
de lo eterno del paso
de las diferentes vidas,
de los diferentes ciclos
en este universo.
Bajo esas estrellas,
en el planeta que sea
y en la forma que sea,
ya que todo se mueve
hacia su destrucción,
para transformarse
y evolucionar
hacia su siguiente fase.
Un infinito proceso
de sucesos cortos,
olvidando su estatus

divino para no ahogarse
en su inmensidad.
Y ahí, en ese punto
entre existencia y olvido,
persigo ese deseo,
ese sueño; si no puedo
amarte en esta vida,
almacenaré
ese sentimiento por ti
en los genes, para así
recordarte e intentarlo
en la siguiente.
Es tan intenso
como verdadero,
y todos conocemos
el poder de esos adjetivos.

AFORISMOS
Y FRASES CORTAS

1. El destino no es más que el constante presente.

2. Es tan doloroso como placentero saber que la muerte nos llega a todos.

3. He perdido la esperanza. Por eso, he aprendido a vivir en la imaginación.

4. El dolor es tal que la impotencia se convierte en esperanza para no perecer.

5. Era una estrella tan brillante que, cegada por su propia fuerza, se convirtió en agujero negro.

6. El amor es un momento, dos eternidades, tres vidas, cuatro dioses, cinco mundos, un corazón.

7. Todo rico sabe que ser bueno es de pobres.

8. Ayer soñé que moría, o a lo mejor soy un muerto que sueña con estar vivo.

9. La fuerza de un significado depende de la consciencia subjetiva de cada individuo.

10. Es interesante cómo el ser humano encuentra una vivaz motivación y sensación de placer en el cambio constructivo. Tal vez todos buscamos esa metamorfosis que nos convierta en mariposas, pero muchos pierden sus colores por el camino. Quizá no es tanto el cambiar, sino llegar a aceptar nuestro ente libre de ego.

11. Lo bueno de la poesía es que no entiende ni posee jerarquías. Da igual si es culta o coloquial; larga o corta; compleja o simple. Su único propósito es hacer sentir a aquel que la adopta.

12. Puedes amar a todas las mujeres del mundo, pero solo dos te darán la vida: una te dio consciencia y la otra te dará el alma.

13. Volemos juntos, pero aterricemos antes de soltarnos.

14. Muchos buscan ser la versión mejorada de algo o alguien, menos de uno mismo.

15. Mis palabras estarán cargadas de presente, cargadas de pasado o de futuro. Por ello, jamás serán palabras vacías.

16. Aunque viva en el caos, entiendo de equilibrio.

17. Mi poder es la verdad y la confianza la virtud que mueve mi empatía.

18. El miedo empuja. Tú eliges si hacia arriba o hacia abajo.

19. Y aun cuando muera, seguiré vivo en el recuerdo de mis enemigos. Esa será mi mayor victoria.

20. En todo arrebato de soledad siempre hay un nombre que destaca entre el resto. En dichos momentos, con el tiempo uno entiende el papel que estos han jugado en su corazón.

21. Y por ello, en el amor el humano siempre intenta bajarle las estrellas a su pareja, puesto que este es incapaz de elevarla hasta ellas.

22. Al principio soñamos con la meta y durante el final soñamos con el principio. Esto me lleva a la conclusión de que nuestro único deseo es avanzar.

23. ¿Que por qué la mujer se parece a un pájaro exótico? Pues porque muchos intentan cazarla, otros pretenden capturarla o enjaularla, pero pocos son los que la conquistan con sus actos y le ayudan a construir un nido.

24. En lo profundo de lo inconsciente, imaginación y realidad comparten la misma forma.

25. Tomamos decisiones a diario y eso nos engaña en que tenemos poder y libertad cual dioses sobre lo que nos rodea y el universo, mientras este diariamente nos recuerda con la muerte la hipocresía de nuestra propia arrogancia.

26. En la ironía del dolor he encontrado la felicidad que se halla entre la paz y el infierno que componen la vida de aquellos que se atreven a acariciar el sarcasmo de las emociones.

27. He llegado a la conclusión de que es mejor evitar dar consejos o críticas, de las cuales se encarga el tiempo.

28. Cuanto más lucho por vivir, más ganas tengo de perecer.

29. Entre pensamientos suicidas un poeta perece en el amor.

30. Entre poesía y poesía hay un ego de distancia.

31. La esperanza nunca se pierde, lo que pasa es que a veces se ve ofuscada por la indiferencia y la rabia.

32. Llevo hablando tanto tiempo del amor que ya no recuerdo cómo era.

33. Entre la fina línea de la vida y la muerte se haya el amor presente por todo aquel que sepa proyectar su corazón a través de sus ojos.

34. «¡De no ser por mí, no serías nadie!», le dijo el ego al espejo mientras reía en silencio, consciente de su arrogante redundancia.

35. El mundo está lleno de ladrones y salvajes. Algunos trajeados y otros con tatuajes.

36. Entre amor y error es tiempo de experiencias.

37. El único momento de paz que me queda es el tiempo que tardan mis neuronas en comunicar tu recuerdo ante mis ojos.

38. ¿Cuál es tu mayor logro? Transmitir todos mis poemas en una caricia.

39. En el juego del amor y el amar del ego, ambos, capitán y barco, salen tocados.

40. En un poema el sujeto es la inspiración; el verbo, el deseo y el adjetivo, la catarsis.

41. Camino para llegar a amarte. Luego, corro para poder olvidarte.

42. La confianza es como beber agua de una botella sin tocar la boca. Si vacilas, te mojas; si pecas de más (confianza), te ahogas.

43. Controla tu mente, y tu cuerpo imitará su ejemplo. Controla tu cuerpo y tu mente lo seguirá de la envidia.

44. Dibujemos nuestra historia con los pinceles de nuestros labios y el lienzo de nuestros cuerpos, mientras la música da color a nuestros corazones fundidos en lo astral.

45. De niño no podía dormir por miedo a los monstruos de debajo de la cama. Hoy, no me quiero levantar de esta, porque vivo entre ellos.

46. Ley de atracción: la intensidad de una caricia es igual a la velocidad del latido dividido por la resistencia de la mente.

47. Y a cada rato que tengo, me quedo mirando tus ojos, pues me he dado cuenta de que entonces, y solo entonces, me siento inmortal.

48. Si quieres conocerme, lee mis poemas. Si quieres entenderme, siéntelos. Si quieres sentirlos, imagínatelos. Si quieres vivirlos… Algunos secretos deben permanecer ocultos.

49. Cada palabra precisa de un silencio, pero el silencio no precisa de palabras.

50. El mejor aliado para el prejuicio, y enemigo de nuestra razón, es la estadística.

51. A veces es tan fácil estar con uno mismo como respirar bajo el agua.

52. Nuestro único amo, dueño, dios, es el goce, y este es nuestro cielo o nuestro infierno.

53. Si hablamos de lo que tenemos corremos el riesgo de parecer presuntuosos o presumidos. Si, en cambio, hablamos de lo que carecemos, corremos el riesgo de parecer negativos o pesimistas. Por ello, uno siempre ama en silencio.

54. Cuando algunos dicen «te querré para siempre», eso significa: si por lo que sea no estamos juntos, dicho amor permanecerá en la memoria.

55. Y me miran erguidos y firmes los árboles que me rodean. Tristes sobre mí lloran sus hojas. Impotente, les respondo con alegría en el corazón y ternura en el abrazo: «Tranquilos, esto es solo temporal».

56. Todos quieren vivir, pero a su vez se desentienden de hacerlo, dejando que unos desconocidos ahogados en poder y narcisismo dicten cómo, cuándo y hasta dónde puedes hacerlo. Ya no distingo los cadáveres de los muertos que a mi alrededor caminan.

57. Pregúntame si estoy loco y te responderé con normalidad. Límites, os llevo superando tanto tiempo que ya no recuerdo dónde fue la salida.

58. Mi cuerpo pide caricia, mi mente tranquilidad. El entorno dicta caos mientras yo solo recibo vanidad. Configura tu mente, educa a los demás. A través de la práctica con el ejemplo los liberarás.

59. Y deseo verte y hablarte, tocarte, abrazarte y acariciarte de tal manera que las estrellas nos tengan envidia. Hasta desear precipitarse fugazmente hacia nosotros, con la esperanza de que pidamos el deseo de alcanzarlas para que así estas puedan también sentir nuestro deseo.

60. Busca en mi mirada, porque corazón no me queda.

61. La primavera es cariñosa; el verano, romántico; el otoño, profundo y el invierno, íntimo. Y yo, solo un viajero del tiempo atrapado en el constante presente mientras acumulo recuerdos de mi propia existencia.

62. Hay que luchar por llegar a la capacidad de disfrutar de lo que nos llega en la vida y no solo de lo que deseemos que nos llegue.

63. Al cariño con cariño; al amor con amor; a la maldad con tacto y a la valentía con honor.

64. Hay soledades tan profundas y aterradoras que, a su lado, los cementerios parecen fiestas de disfraces.

65. Darle un sentido elevado a la vida es necesario para que nuestros corazones no se apaguen.

66. En las demás solo hay capricho, en ti he visto luz. Por ello mis ojos brillan cuando ven tu beatitud.

67. Soñar es la ilusión realista en las dimensiones imaginadas por el individuo. La realidad es una ilusión modificada por el observador que la experimenta. Esto nos lleva a que lo que sentimos se mueve de forma omnipresente entre nuestras dimensiones.

68. Bríndale una mano al miedo y te devolverá un amigo.

69. Bríndale a tu mano miedo y te devolverá poder y ego.

70. Si me preguntas qué es lo que más me gusta de ti, te diré: «No tengo ganas de describirte, solo de amarte».

71. Si supieras lo que mi corazón escribe al mirarte, la palabra «amar» sería como la tierra en el universo, insignificante.

72. Lo que piensas lo atraes; lo que sientes lo atraes; lo que deseas lo atraes. Si las tres están sincronizadas, amas.

73. Como alguien dijo: «No hagas preguntas de las que no quieras saber la respuesta». Y mi anexo: Porque no toda negación/silencio es afirmación, y toda afirmación, verdad.

74. No sé quién eres, pero sé lo que eres y con eso me basta.

75. Me juzgarán por mi apariencia hasta que escuchen mi voz.

76. Yo lo sé. Ella lo sabe. Yo sé que ella lo sabe y ella sabe que yo lo sé. Solo falta que el tiempo nos brinde una oportunidad.

77. Lo que más me enamora de una mujer es que anule mi ego.

78. «_ _   _ _ _»: la respuesta depende del observador.

79. Trabaja tu currículo de la vida, no solo el del trabajo.

80. Su libertad, tu amor incondicional, tus reflexiones, pensamientos, tu ego, tu deseo. Ese es el orden de la ecuación para un ser sereno.

81. En la piedra soy el reflejo del agua. Desgastado por el tiempo, a su vez, delicado y profundo.

82. Aúlla el lobo en la presencia de la luna, contento. Aunque de día no la vea, sabe que de noche la verá sonreír.

83. Algunos, condenados a sentir tanto; otros, tan poco. ¿Cómo sería todo si la individualidad fuera una virtud y no el privilegio del ego?

84. No busques allá donde crees estar. Tampoco donde estuviste. Mucho menos donde te gustaría. Solo cierra los ojos y siéntete. La respuesta llegará sola.

85. Donde alcanza la felicidad empieza la aventura.

86. Roja la vida, verde la mente, blanca el alma.

87. Cuando se empieza de cero, no se comienza multiplicando, sino sumando. A la larga es lo mismo, pero la diferencia inicial no.

88. No cuentes con los dedos, sino con el alma. Suma con el corazón, y con la mente divide la ignorancia.

89. Cuando tu corazón late, mi ente sonríe. Cuando tu ente sonríe, mi corazón late.

90. Todos buscamos las seis cosas que nos definen como humanos y creemos que los demás no nos comprenden. Menuda ironía.

91. Ocupas una parte tan grande de mi mente que a veces se me olvida respirar.

92. ¿Por qué pereció Roma? Porque hizo que todos los caminos llevaran a esta y la muerte se sintió ofendida.

93. Pon tu corazón hasta donde alcance tu mirada. El alma se encargará del resto.

94. Los que sienten mucho tienen pensamientos recurrentes. Los que piensan mucho tienen sentimientos recurrentes. Los que sienten y piensan mucho arden y se consumen en sus propias llamas. Cual fénix, resurgen y repiten el ciclo hasta fundirse con el todo.

95. Si te digo «te amo», te pediré dos cosas: la primera, que no me creas; la segunda, tiempo para demostrártelo.

96. Al igual que un árbol conoce sus raíces para nutrirse, uno debe saber las suyas.

97. La intimidad acaba donde empieza la boca. Y el amor, donde empieza la espalda.

98. No busques enamorar, solo enséñale a verse a través de tus ojos. La elección llegará sola.

99. Yo era temerario de la vida. La muerte no me producía ningún temor, pero desde ese día el miedo es abrumador, de irme sin haber podido decirle esas cinco letras en dos palabras que resumen mi alma.

100. No existe derecho alguno a reprimir a alguien, salvo a uno mismo.

101. El otro día me quedé mirando unas rosas en un florero. Pensé «cuán fugazmente se marchita la belleza cuando esta pretende poseerse fuera de su hábitat natural, de su libertad. Lo mismo ocurre con nosotros».

102. Tanta gente teniendo y educando hijos, cuando no se educan ni ellos mismos desde una libertad lejos de amenazas al comportamiento. Es natural que el mundo degenere en espíritu y gane en odio, impaciencia y pesimismo.

103. El problema de cada virtud reside en la actitud. La comodidad de tu zona de confort también es un tipo de pereza.

104. Nuestra consciencia es para el ego lo que el ego es para nuestra consciencia. Algo incomprendido que pretende controlar algo desconocido.

105. Todos los poemas ya están escritos e inventados. Su individualidad nace con el sentimiento del observador, conjugado en el orden de su realidad.

106. Un poema puede ser horrible, precioso, bonito, horrífico, visceral, lujurioso, pasional. Puede ser sutil, intransigente, esperanzador, estúpido, atrevido, sexual, erótico, inteligente, ena-

moradizo, triste, sensible y todo lo que quieras, pero sobre todo nunca vulgar.

107. Cuando te pidan que definas el amor en pocas palabras, tu silencio es la respuesta.

108. ¡Busco un guía! Grité a los cuatro vientos. Solo respondió mi voz interior.

109. La razón y el ego ya no pueden opinar; el corazón ha despertado.

110. Porque amar no es solo un verbo.

111. Y me repito constantemente, mi opinión no vale más que la del resto, pero recuerda: la virtud y la libertad no son una opinión.

112. Buscar es sentir el silencio; acariciar es sentir el viento; oler es sentir las formas; mirar es sentir el mundo. Yo, la conjunción de mis sentidos.

113. Cuando me preguntan si soy un sabio, les contesto que sí, pero solo de mi propia historia como cualquiera de nosotros, pues en la de otros no podemos ser más que guías.

114. He llegado y sigo creyendo que el verdadero y único propósito de todo ser vivo es sentir.

El significado de dicho propósito lo elije cada uno.

115. Como en la mente de uno, así y en la tierra, hay un ángel por cada demonio, mientras su dios solo los observa.

116. Lo único inalcanzable por nuestra imaginación es el deseo. Este solo puede sentirse.

117. Voy a acecinar tus carnes entre el humo de mis recuerdos, para que vuelen al aire cuando mi boca les dé vida.

118. Pueden ocurrir tantas historias de amor en un lugar como lugares en una historia de amor.

119. El modo en el que amas es el modo en el que piensas. El modo del que piensas es como actúas. Por eso es importante aprender distintas formas de amar.

120. La sinceridad vence al miedo. La falta de miedo otorga visión. Las perspectivas abren caminos y estos te guiarán en la vida. Vive, la felicidad te encontrará; si la buscas, huirá hasta entregarte de nuevo al miedo.

121. La muerte es el precio más justo a pagar por la vida. Hagamos que la factura valga la pena.

POEMAS
SEGUNDA PARTE

[   ]

El tiempo habla con
el silencio de los actos y
el ejemplo de la memoria
en lo referente al latido
despertado por la magia
responsable de tus manos,
envuelta en tu mirada y
el universo en tus labios.
La posibilidad
de una vida en tu vientre
y mi deseo
de darle forma.

Lana

Sus manos, mi universo.
Los dedos, mis planetas.
La mirada, los cometas.
Su dolor, mi vacío.
Su voz, mis estrellas.
Su presencia, mi mundo.
Su sonrisa, mi sol,
y su abrazo, mi muerte.
¡Joder, cómo te amo!
Hasta el ego se cabrea,
porque también él
es preso de tu existencia.
¡El indomable!
Incluso él mismo

se limita en su deseo,
en su intención,
en su expectativa.
Ni siquiera él se atreve
a imaginarte desnuda
o en mis brazos
sin tu permiso otorgado
aún por vivir
o en ventaja
con tus emociones
con tal de conseguirte.
Lo sabe,
sabe perfectamente,
todo debe surgir
de tu espíritu, porque tú
y hasta ahora solo tú,
le has devuelto
a su infancia,
donde todavía
no había aprendido
lo que es el dolor.

El·la

Ego la mira y grita
en locura extrema.
Consciencia sonríe
de placer.
Consciencia tranquiliza
a ego.
Ego llora vulnerable.

Consciencia llora con él,
le transmite
su igual deseo.
Ego siente fuerza,
siente coraje.
Por fin, alguien
le comprende.

———————————————

Mujer luna

Mujer luna.
Te imagino siendo
como ella.
De entre todas,
solo tú velas por mí
diariamente,
sin descanso.
No importa
si el día es soleado
o si las nubes separan
nuestras miradas
forzosamente.
Tú siempre estarás
al otro lado.
Puedo ver cómo
la experiencia del tiempo
hace mella en tu rostro
al igual que lo hace
en el mío.
Puedo ver…

Bueno, más bien sé
que tienes una cara
oculta, pero nunca
me la muestras
para no hacerme daño.
Tú, mujer luna,
que tienes tus altibajos
y creces o menguas
según van pasando
las semanas del mismo
modo que mis emociones
cuando se exponen
a la realidad
que nos circunda.
A veces, te muestras
distante, a lo lejos,
en tu mundo,
y otras, tan cercana
que tu simple presencia
calienta el corazón
de todo lo que te rodea.
Puedo mirarte
cuanto quiera, y no
como al sol, precioso,
pero que te ciega
con su belleza envuelta
en ego, dejándose ver
en pocas ocasiones
entre estas cuando se aleja
por el horizonte.
Lo mejor es que nunca

me canso de hacerlo
mientras aprendo de ti,
y tú sobre ti en tus días
rojos, que te dejan
en un estado de exilio
propio para [intentar
dejar de ser productiva
y entregarte al descanso
y la contemplación,
para así volver
al equilibrio que buscas
mantener[1].]
Mujer luna, las palabras
no bastan para expresar
la magia que posees,
solo sé que enamorarse
de ti es cuestión
de una mirada.

Cartas al descubierto

¿Cuánto me amas?
Como una madre
a un hijo.
Ja, ja, ja, eso es imposible.
Si te vieras
a través de mis ojos,
incluso esa expresión

te parecería insuficiente.
Deja de mentirme,
por favor, no puedo más,
no creo a nadie.
Ni a mi otra alma
que otorgar.

[   ]

Mi mayor guerra
comenzó con su llegada.
El corazón alucha
contra autoestima
debilucha.
Mi cuerpo se encoje
y mi dolor se escucha.
Los pájaros callan,
la luna me observa.
La guerra sigue.
Ambos se pelean,
uno te desea
y los otros sabotean.
«No la mereces dicen».
El corazón se tambalea.
La verdad le inspira,
los antepasados le apoyan.
Grita él, con fuerza
busca la victoria.
Se esconde en su sonrisa
para sentir la euforia.
Sin prisa, resiste

---

[1]   María Abril Álvarez

en esa guerra crematoria.
Reza al tiempo
y se encuentra en la gloria
del sentimiento
encontrado en tu ser
que me zahoria.

Serenidad

Soy la balanza, la gana,
el deseo, la necesidad
de la verdad y la mentira.
La elección no es mía,
el peso que la inclina
le pertenece al corazón.
Por eso, cuidarlo
es de vital importancia.

Decisión

Y si no puedo amarte
en esta vida, almacenaré
mi amor por ti
en los genes, para así
recordarte e intentarlo
en la siguiente.
Menuda barbarie
la mente mía, de pensares
suicidas o sentimientos
imposibles. Tales fuerzas

opuestas, apoyándose
en mis máximos
exponentes de valor,
incluso la infinidad
del tiempo tiembla
ante tu osadía.
Ya no hay realidad
ni sueños.
La existencia misma
se confunde
ante la paradoja
de este ser desequilibrado,
tanto que decidió
no ayudarle o frenarle.
Solo lo mira y observa
curiosa mientras él
sigue preguntando
en busca de respuestas.
¿Tendrá el universo ego
y lo verá en él reflejado?,
dejándolo así, aislado
entre el principio y el fin
de los tiempos, donde
la única que le abraza
es la locura.

Al fin

Tu corazón bendigo,
pues el mío ya no es
mendigo de amor.

Las calles frías,
las noches largas.
El abrazo de tu mirada
es calor que arropa
mi alma.
Simple sonrisa
entre notas de valor.
Tocan tambores
de la llegada.
Tú, soldado,
ahuyentando mi dolor.
El miedo se disipa
en los ecos, surcando
el viento, quedando
a lo lejos bajo la forma
de recuerdo olvidado.
Y siento, por fin
me siento yo amado.

Ego

Colgarse de una soga
no es estar colgado.
Colgarse en un trabajo
conformista sí es tirar
el ramo.
Colgarse por un amor
no es estar loco,
pero sí colgarte méritos,
dejando a tu apoyo
olvidado.

Te suicides
por lo que te suicides
nunca lo hagas
por capricho del ego.

No al letargo amoroso

Noche astral,
luna animal.
Nieve acumulada,
lúgubre alambrada.
Nuestra acampada
luce alumbrada.
Notas armónicas
levemente aúllan.
Nueces abiertas,
lanzadas abajo.
Negras aves
lentamente anidan.
Néctar alcohólico,
licor atesorado.
Noción acostumbrada,
luchas apagaba.
Niña aislada,
latidos acomodaba.
Niño asistía,
libros agotaba.
Nace amor,
limbo apocalíptico.
Nula ansia,
lógica ancestral.

Nariz absorbe
lágrima animada.
Niño abraza,
niña con libreta
ya acabada.

———————————————

Ruidos del ego

Hay un ruido
en mi cabeza,
no lo consigo apagar.
Me concentro
muy adentro y más fuerte
lo empiezo a escuchar.
Es un pitido constante,
agudo, dejando mi pensar
mudo. ¿Será el ego
gritando tartamudo,
arrancándose la piel
para resurgir de su letargo
donde lo dejé vencido,
hibernando?
Empuja, empuja,
presiona este ruido,
quiere él salir.
Empiezo a notar
cómo me hace sufrir.
Es una bomba
con el reloj en marcha,
contador a cero
y la caja se escarcha.

De tanto frío,
grietas son visibles
desde ángulos olvidados.
Vendas imposibles
con pinturas
improvisadas,
todas SOS,
todas mal logradas.
Ahora textos nuevos
cubren la cubierta.
«Huye», dicen.
«Sálvese quien pueda».
Déjenme a mí
detonar esta celda.
Miles, cientos de pedazos,
ya no me reconozco
repartido en tantos
brazos.

[   ]

Puedo darte
todas mis palabras,
miles de poemas.
Repetir si quieres,
pero no puedo otorgarte
mi corazón,
de amor caprichoso,
porque ya me lo quitaron.
No temas, pues aún
me queda el amor
del alma,

igual de irrepetible,
pero más profundo,
más consciente.
Ese deseo compartirlo
contigo, pues en él
está escrito tu nombre.

————————————————

Último aliento

Somos dioses,
dioses de las palabras
mientras los otros
solo escuchan.
Caminos inescrutables,
castigos divinos,
recompensas eternas,
pero a la par
todos perdidos.
Perdidos y olvidados,
ya nadie reza,
la mentira es la destreza
que rige y ruge
en corazones
también olvidados.
Polvo seremos
mientras recuerdo somos.
Se me cruzan los plomos
mientras el mundo
cargo a mis lomos.
Sabiduría, maldición
o castigo en Atlas por ella,

convertido,
no hay escapatoria,
refugiado en mi sueño
como único consuelo
en saborear la paz
de mi deseo.
Las cadenas aprietan
y el mundo solo observa
mientras no hacen nada
cual su dios,
ya marginado.
Pierden la cabeza
o caminan
como soldados.
Practican la ironía,
se conforman
con halagos.
Caminos construyen
que no van
a ningún lado.
De lodo empapado
hasta las rodillas,
ya ha llegado el tiempo
que me sigue
para dejarme enterrado.
Por este peso
algún día seré derrotado,
así que cógeme la mano,
no para sacarme,
sino para no morir
olvidado.
Dioses de la palabra

mientras los otros
solo escuchan,
miran desde arriba
y ven como estos
solo luchan.
Entré sí y para sí
sus armas desenfundan
y con el de enfrente
por nada aluchan.
En sangre se duchan
y a su ego excusas
desembuchan
con tal de perdonar
sus almas ya podridas.
Unidas y cosidas,
de muerte erguidas,
orgullosas, son líderes
del hoy, dueños
del mañana.
Afana y liviana
es la mañana
que nos roba de la cama
con tal de tirarnos
en la mundana rutina
de rostros apagados
y manos manchadas
de sentimientos ajenos.
El tiempo sigue su curso
y el lodo también.

Completo

No busco otra mitad,
yo ya estoy completo.
El único deseo es contigo
alzar el vuelo.
Tanto tiempo de correr
me desespero; cógeme
la mano y abracemos
el mundo entero.
Me giro y asiento
mientras oculto
mis tormentos,
las voces de los sedientos,
mil egos a cuatro tiempos
gritando: yo, yo, yo, yo. No hay
calibre para
esta máquina terrible.
Cómo es posible
un mundo tan temible.
No hay amor,
no hay confianza ni valor
mientras todos protegen
el puño opresor.
Lucha mi corazón
en derrota
mientras en ojos ajenos
encontró la cota,
sincronizada con la nota
y de nuevo en mí brota

la esperanza con el sabor
de su boca.
Monumental es el viaje
astral de este animal
a distancias sin igual.
Solía estar agotado,
sentimiento amargado,
oculto y rezagado,
inexistente y maltratado,
tirado pensativo
en cualquier prado.
Ese era mi yo del ahora
y del pasado.
Ilumina tu camino
a la cima sin cuartel
ni cabida para el miedo
o el mal viento
que a veces trae el tiempo; solo
tu sonrisa,
mis manos, tus caricias
y sin prisas.
Pisamos los caminos,
nos movemos
con las brisas.
Despacito, ya lentos
juntamos los recuerdos,
acumulamos
los recuentos
de aquellas veces
que nos besábamos
sedientos

y nos abstraemos
hasta arder en nuestros
íntimos momentos.
Nuestros cuerpos,
un par de templos
contentos,
deslicémonos
hasta el final
de los tiempos.

———————————

La niña y el bosque

La niña lloraba y lloraba.
En su bosque ella sola
estaba. El sol no salía
y miedo le tenía
a la oscuridad
que la rodeada.
Los árboles la vieron
sentada; a sus rodillas,
ella abrazada.
«No llores, niña», el árbol
con su voz la calmaba.
«Aquí no hay males. Solo soledad
y aires de pureza, así que siéntate,
levántate
y respira. Respira, tú sólo respira».
El abrazo de sus ramas la calma-
ron y en su consejo la arroparon.
En su larga noche

la guiaron, mientras
el tiempo seguía su curso.
El sol empezó
a mostrarse.
En ese instante la niña
empezó a levantarse,
vio que no había
de qué preocuparse.
A la oscuridad ella ya
no le temía. Era hora
de buscar su armonía
y compartir el goce
de esa dulce soledad
con la que reencontrarse
de nuevo podía.

Fechas

¿Qué es de aquellos?
Tantos miles de muertos
imposibles de recordar.
Tantos nombres
y caras sin igual, por ello
reunidos bajo la misma
fecha. Pero sucede
que al hacerlo se pierde
la esencia, se pierde
el sentimiento, se pierde
la empatía.
Algunos dieron el brazo,
la pierna, los ojos

e incluso la vida.
¿Y para qué? Para forjar
un futuro de avariciosos
y lacayos bañados
de ignorancia, absorbidos
por su ego. El mundo
avanza, pero lo humano
retrocede, mientras
el tiempo prepara
la siguiente fecha.

A quien lo escuchó

Te amo
sin necesidad de tenerte.
Te amo
sin necesidad de quererte.
Te amo
con necesidad de tocarte.
Te amo
con necesidad de verte.
Te amo
porque te amo,
porque mi corazón,
así lo siente.
Vales cada latido
de mi corazón.

Lunas y abismos

Lunas llenas, soles vacíos.
Silencio enternecedor,
tranquilidad tangible.
Vientos de canto
y de algún susurro.
Todo se confunde
con la tenue niebla
de lo que llamamos
noche. Caja de ideas,
o mejor, nube de sueños.
Única e incondicional
inspiración para uno
mismo, déjame abrazarte
y fundirme en nucstro
abismo.

Desesperación

Folladme,
pero no me améis,
porque me hacéis sentir
más solo.
Queredme,
pero no me busquéis,
porque solo
me hacéis daño.
Sentid,
pero no por mí,

porque la traición
siempre acecha.
Reíd,
pero no conmigo,
porque mi alma
se ha cansado
de vuestro teatro.

Pese al tiempo

En la mirada,
tu reflejo.
En mi interior,
un corazón perplejo.
En la mente,
un verso complejo,
y en mis manos
tu rostro ya añejo.
Cuánto tiempo ha pasado
y aquí seguimos,
enamorados como el día
en que nos dimos
nuestro primer «te amo».

Belleza compuesta

Suenan los tambores,
el momento se acerca. Cuervos
en el cielo
anuncian su llegada.
Es el ego, al que servimos
de criada.
Inventa y nos divide
en muchos yos,
siempre nos persigue.
Enemigo silencioso.
Sin hablar, nos guías;
con sentimientos
nos dominas.
Al deseo aclamas,
en la ambición
te regocijas.
Nuestros más profundos
secretos cobijas.
Por ello, como nuestro
aliado tú predicas.
En el oído
no hay ruido alguno.
A nuestros ojos
sombras proyectas.
A la conciencia antónima
a tu deseo con facilidad
reflectas.
En mi poesía
busco motivos,

quizás amor,
mientras los yos
se pelean por tu razón.
Despertar la magia,
o quizás adueñarme
de tus escalofríos.
Y de nuevo el ego.
En mi poesía
busco motivos,
quizás amor.
No hay lugar aquí
para el ego,
puesto que buscando
lo que él desea, encontré
lo que necesitaba: la paz
escondida entre líneas,
formando el verso oculto
al alcance de mi ego,
justo ahí, antes del tuyo,
donde solo somos
un par de amantes
omnipresentes
de la belleza
que nos compone.

Juego peligroso

El ambiente se difumina
y la mirada se clava
trémula de miedo,
absorta en su deseo.

El silencio se expande
en mi mente
como el universo
que fluye por mis venas,
bombeado por la magia,
autora de las mariposas
y auroras dibujando
su presencia.
Tengo tiempo
para enamorarme,
y también sufrir.
Este instante es eterno,
imposible de repetir.
Ella habla, su voz
sonidos emite.
Sonríe y sus labios repiten
ciertos movimientos
por mi deseo
memorizados. E imagina este
caprichoso
excéntrico envuelto
en el misterio
de textura y sabor,
el delicado baile en dúo
si mis palabras
se sincronizaran
con las suyas
sumándose en opuesto,
para engendrar el silencio
producto de la pasión.
Tengo tiempo
para enamorarme

y también sufrir.
Abrazo este momento
eterno en el que
por siempre
te querré sentir.

Limerencia

Limerencia, fugaz,
inesperada inconsciencia
expuesta a relucir
entre la calamidad
que arremete
todas mis neuronas.
Terror estremecedor
para cada poro de mi piel.
Limerencia, enigma,
enemiga del ego,
prueba de verdad.
Más libre
que toda mi existencia,
a merced entras
y sales de mi consciencia.
Apareces y desapareces
sin dejar constancia,
solo un vago rastro
de recuerdo hipotético
que a lo largo del tiempo
se desvanece entre
realidad e imaginación.
Imposible de justificar

y mucho menos
de comprender.
Vas más allá
de toda lógica,
de toda razón o deseo.
Puro estado
de poesía efímera.
Excusa perfecta
para que un poeta
pierda la cabeza
entre tu mágica tiniebla
denominada amor.

Adicción

Me empecé a drogar
con emociones
y sentimientos de amor,
noche tras noche,
pensando
que no me harían daño,
que no eran adictivas.
Espera a ver
cuando te falten.

Sacrificios a una rosa

Sale el sol, y los rayos
iluminan el horizonte
mientras estos se abren

paso entre pétalos
y el leve rocío que todavía
quiebra sus colores.
Ahí estaba ella,
luciendo su belleza,
ahogando su tristeza.
Había muchas,
de tonalidades diferentes,
de colores variados,
cada cual proyectando
un sentimiento,
abrazando un aroma;
pasión, amor, sutileza,
gratitud, pero entre ellas
había una que destacaba.
Su sutil delicadeza
exhibía una fragilidad
innata, peligrosa,
a su vez protegida
por todas aquellas púas
que había formado
con el tiempo,
sedientas de sangre
por todo aquel
que se atreva a dañarla.
Su color cambiaba
en respuesta a la luz
que le otorgaban,
o la mano
que la acariciaba.
Del blanco inocente
al rojo enamorado,

pasando por el naranja
apasionado hasta al negro
condenado cada vez
que torcían su corazón
algodonado.
Se volvía furiosa,
impredecible y tenebrosa,
exigiendo sangre
al siguiente que la tocara.
Era el único modo
de volverla a teñir de rojo.
Y allí estaba ella,
entre todas esas flores,
y yo con la mano
preparada para tintar
el prado entero,
con tal de verla
enamorada de nuevo.

Otoño

Acurrucado en el silencio,
escucho las hojas caer
chocando contra el suelo
y el resto de hojas
sacudidas por el otoño.
No hay viento, no hay
grillos. Solo silencio
y el leve traqueteo
intermitente
pero incesante, tejedor

del bello manto
de muerte que tiñe
el suelo de ese peculiar
marrón anaranjado.
No sé qué tiene,
ni el porqué de su belleza,
pero a mí me tiene
hechizado.

Su miel

A cada mujer, un amor.
Cada acto, una flor.
Jardines enteros
de colores variados,
algunas marchitas,
otras pisadas,
pero entre estas
solo uno el camino.
Rumbo por el sendero
peligros aguardan,
otros por él
piedras te lanzan.
No te despistes
ni te pares ahora,
porque el monstruo
come a su hora.
Gigante hambriento
a nadie perdona,
maldito tiempo
que me persigues

sin demora.
Casi lo tengo,
no vaciles, mente loca.
Termina el camino
a la miel que recubre
su fina boca.

———————————————

Luz en extinción

Me estoy apagando,
necesito sentir.
Necesito amar
para sentirme vivo.
Una nube de ignorancia
espesa el aire.
Un olor a violencia
y fragancia de ego
aromatizan el ambiente
mientras yo lentamente
me apago.
Invisible, recluido
en mi desesperada
esperanza por un trago
de aire de cordura
lejos de portar el veneno
de la sociedad. Borracho,
de pensamientos, ya no sé distin-
guir mi realidad
de la realidad, único lugar que
pueda hacerme
sonreír como hacía

cuando era niño
y nada de este circo
importaba.
Su excéntrica pedantería
viste de virtud
galante de su poder
obtenido con arrogancia,
mientras yo
me sigo apagando.
Todo sucede
mientras nada pasa.
El tiempo avanza
y observo tanta belleza,
tanta ternura, pasión,
lujuria, pero ninguna
me hace sentir,
y menos vibrar
en sintonía
a mi curiosidad
afín con el deseo.
Maldigo mi filosofía
y sobre todo mi espíritu
por honrarme
con tal batalla.
Entretanto, busco el sol
durante mi camino,
porque yo
me sigo apagando.

Último aliento

Será así siempre,
animador consciente
para el goce del ego
en busca de eso
que tanto te mata.
Ese afecto,
ese sentimiento
de sentirse deseado,
aprobado.
Siempre se ronean,
nunca se adentran.
Muerte, recógeme
en tu regazo, pues eres
la única que me espera.
Adóptame en tu abrazo,
pues eres la única
que me dará la paz eterna.
Préstame, préstame
tu mano y llévame
al limbo del sueño,
donde la realidad
cobra más sentido.
Quizá nuestro sueño
es el cielo del que tanto
hablamos.
Tanto tiempo
entre los mortales
me ha confundido,
perdido, abrumado,

haciéndome imposible
soportar este ser orgánico
capaz de tanto,
pero impotente
ante la ignorancia
que me empuja
a ese regazo deseado.
Vuela, tiempo, vuela,
y devuélveme
a donde pertenezco.

El sendero

En lo más profundo
del dolor, está mi alma
en castigo.
En constante
y vertiginoso rodar
toma ventaja hacia algo
a lo que teme.
Incertidumbre,
esa es la palabra
que de agonía se alimenta
y presta servicio
a mis más oscuras
pesadillas. Y me pillas
en desgana de descubrir
más sobre este sin aliento, mons-
truo de pantano,
lúgubre anciano,
diablo egoísta

en perpetuo crecimiento.
Cómo puedo saber
dónde está el final
o, más bien, el principio
del desvío hacia esa salida
que me lleve al camino
de las estrellas.

____

Subconsciencia

Euforia inconfundible,
sentimiento susceptible,
mientras la luz baila
a tu alrededor.
El aire canta
y los animales te adoran.
Las plantas
se descontrolan
y se mecen al ritmo
de la música embriagada de tu
olor.
Todo vibra,
a tu paso todo se queda
entusiasmado,
anestesiado, cobijado
en pensamientos
arropados en una infantil
e inocente belleza incapaz
de percibir el tiempo,
pues este es finito
para todo aquel

que lo adopte.
Sin saber que un alma
te observa, omnipresente,
distante y consciente
de la magnitud
de tal milagro.
Veo tumbarte
bajo un fresno
que estira sus ramas
para poder alcanzarte,
incluso deja caer sus hojas
para poder tocarte.
¿Quién eres, que allá
por donde pasas das vida,
que allá donde miras
se enciende una estrella?
No poseo cuerpo,
ni poseo manos,
no tengo boca,
ni un cerebro racional.
No poseo un aura
o una energía igual
a la que desprende
tu cuerpo.
No tengo hambre
ni necesidad de placer.
Te miro brincar,
saltar y reír entre las flores
que bailan mientras la luz sigue
abrazando tu piel
y el viento compone
la sonata con las letras

que los animales susurran
al verte pasar.
Ahora entiendo
que nací
en el pensamiento
de tu soledad,
para otorgarte a ti, mujer,
el corazón
que deseas compartir.

Sol

Qué triste es el sol
y qué alegre la luna.
¿Por qué?
Porque nadie lo mira,
nadie le escribe,
nadie le habla.
Solo lo usan
para absorber su calma.
El alma de ese espectro
egoísta cuan consciente.
Ni de poquito
ni de repente.
Solo siente el presente
que le abraza.
Se olvidan de aquel
que tanto brilla.
Se olvidan de ese
que cada día les da vida.
Ese, sol. Tú, querido

amigo, a los ojos
no puedo mirarte,
pero que sepas
que yo te admiro.
Te venero y alabo
por la labor extenuante
que poco a poco te apaga.
Y aunque tu esperanza
de vida no resista
nuestro plan
de ser eternos
y no nos veas crecer
más allá de los pocos años
que te quedan,
que sepas
que por muchos padres
que veamos
tú serás mi único sol.

Irrealidad

Misterio, viaje astral.
Incertidumbre en busca
de una paz mental.
Perspicaz, callado
es ese yo amado,
buscando expresar
algo más cercano
a ese sentimiento
perseguido y humano.
Las carreteras se cierran

y las rocas, despiadadas.
El auto ya no tira,
la energía se le acaba,
mientras la incertidumbre
se apodera y la esperanza
se apaga.
Despierta, despierta,
esto no es real.

Momentos

Momento a momento,
presiento mi destino.
Creo mi verdad
y sigo mi camino.
Este es el sentido.
Huele, siente, percibe.
Toca, acaricia y exprime
cada instante sublime
que recorre tus erizadas
pieles de embriagadores
aromas; de colores
púrpuras y anaranjados
como las mejillas
de aquel amor
que recuerdas cada vez
que te sientes solo.

Poema 1

Y en tus ojos vi la luz,
la ternura.
Y entre tus labios
cae esa gota de llanto
que encierra ese poder
que tú solo tienes.
Y escondes bajo tu piel
de seda, donde resbalan
las caricias
que tanto ansiaba.]

Citando a:
Albert Diaz Costa

Poema 2

La poesía yace
en el vertedero del alma.
Solo hace falta un ápice
de dolor para avivarla.
Somos fuego,
somos alma.

Citando a:
Albert Diaz Costa

No al letargo amoroso

Noche astral, luna animal.
Nieve acumulada, lúgubre alambrada.
Nuestra acampada luce alumbrada.
Notas armónicas levemente aúllan.
Nueces abiertas, lanzadas abajo.
Negras aves lentamente anidan.
Néctar alcohólico, licor atesorado.
Noción acostumbrada, luchas apagaba.
Niña aislada, latidos acomodaba.
Niño asistía, libros agotaba.
Nace amor, limbo apocalíptico.
Nula ansia, lógica ancestral.
Nariz absorbe lágrima animada.
Niño abraza, niña con libreta ya acabada.

*Muchas gracias
por el tiempo dedicado,
el esfuerzo y la atención
prestada por todos
los involucrados
en el proceso.
Os mando un fuerte
abrazo y espero
que os haya gustado.
Atentamente,
Simeón Rankov,
«Poeta de dos mundos».*

*Toda historia se construye no solo paso a paso,
sino también palabra a palabra, número a número.*

Nuestras; Almas; Lucen; Auténticas.

Índice

Sobre el autor

Simeon Rumenov Rankov. Nacido el 9 de octubre de 1994 entre horizontes balcánicos, pasó una parte de su infancia hasta el momento de inflexión, en el cual tuvo que migrar al otro lado del continente europeo, a la cálida y acogedora España, donde cursó desde el 2003 los distintos estudios guías a lo largo de los años. Las dificultades sociales afrontadas en los primeros periodos le han impulsado, junto con la delicadeza y la profundidad encontradas en su segunda lengua natal, a emprender el viaje de la escritura de una forma más consciente a partir del 2007.

Su pasión por los sentimientos, las emociones, la filosofía y los sentidos humanos le han llevado a exponer su realidad a través de la poesía como espejo y punto de partida en la aventura del auto-conocimiento y la grandeza que supone llegar a ese rincón oculto e íntimo el cual llamamos corazón.

www.ingramcontent.com/pod-product-compliance
Lightning Source LLC
LaVergne TN
LVHW041225200726
843507LV00013B/2583